NIVEAU 3

Un soir, au cirque

Giovanna Tempesta

Édition : Brigitte Faucard
Illustrations : Bruno David
Direction artistique audio : Anne-Sophie Lesplulier
Conception couverture et mise en page : Christian Blangez

ISBN : 978-209-031448-9

Torrelaguna, 60-28043 Madrid
ISBN : 978-84-965-9719-8

1. Relis le titre du livre et imagine ce qui peut se passer « un soir, au cirque ».

2. Que sais-tu du monde du cirque ?

Relie les mots.

a. Le funambule •	• **1.** est un clown.
b. Le dompteur •	• **2.** fait apparaître des souris, des lapins, des colombes.
c. L'Auguste •	• **3.** marche et danse sur un fil.
d. Le magicien •	• **4.** dresse les animaux sauvages.
e. Le trapéziste •	• **5.** fait des numéros de voltige.

3. Coche les bonnes réponses.

Au cirque, il y a…

- **a.** des musiciens. ☐
- **b.** des arbitres. ☐
- **c.** des dauphins. ☐
- **d.** des jongleurs. ☐
- **e.** des spectateurs. ☐
- **f.** une fanfare. ☐

Présentation

Pomme :
elle a treize ans.
C'est la petite
dernière de la famille.

Adam :
c'est le frère de Pomme
et d'Ève. Il est clown.

Igor et Olga :
ce sont les parents
des trois enfants.

Ève :
c'est la sœur aînée d'Adam
et de Pomme.
Elle est magicienne.

Léa :
elle habite dans le village
où s'est arrêté le cirque.

Le cirque arrive

« Mesdames, mesdemoiselles, messieurs, ce soir, à dix-huit heures trente, sous le **chapiteau**, venez nombreux assister au grand spectacle ! »

Une voiture de toutes les couleurs passe devant l'école. Une voix sort d'un **haut-parleur** fixé sur le toit pour annoncer le spectacle. Il est huit heures du matin. Les élèves qui arrivent au collège observent d'un œil curieux la voiture couverte d'affiches du cirque.

« Le cirque Paradis est heureux de vous **accueillir**. Ce soir, à dix-huit heures trente, place des Fêtes, petits et grands, venez voir le spectacle le plus étonnant ! Clowns, **dompteurs**, trapézistes, acrobates… Ils seront tous là, ce soir, à Tourettes-sur-Loup, spécialement pour vous. Venez admirer les artistes du cirque Paradis ! »

un chapiteau : tente, composée d'une armature en fer et d'une toile, que les gens du cirque installent sur la place d'un village. C'est là qu'ils font leurs représentations.

un haut-parleur : appareil qui permet d'amplifier les sons.

accueillir : recevoir.

un dompteur : au cirque, personne qui apprend aux animaux sauvages à obéir. On dit qu'elle dompte ou dresse les animaux.

Lentement, la voiture s'éloigne au son d'une musique de fanfare. C'est un événement car le cirque ne passe pas souvent. Près de là, sur la place, des dizaines de personnes installent le chapiteau. Ils ont commencé très tôt et cela va durer toute la matinée. Il faut monter l'armature puis mettre la toile. On n'a jamais vu autant de camions et de roulottes. On peut également voir une ménagerie où trois tigres sont enfermés, une écurie, la caravane du dompteur, celle du funambule, du trapéziste, le camion du matériel, des accessoires… C'est presque un village entier qui se déplace !

Tout le monde travaille : hommes, femmes, enfants. Ho hisse ! Ho hisse ! Ensemble, ils ont posé la toile du chapiteau sur les grandes barres de fer, comme une tente géante.

À l'intérieur, les électriciens accrochent les lumières et les haut-parleurs. On prend des planches de bois ; elles serviront de bancs pour les spectateurs pendant la représentation.

Des garçons d'écurie recouvrent la piste de sciure. Si les animaux la salissent, on balaiera et tout sera propre pour le numéro suivant !

une fanfare : orchestre composé d'instruments en cuivre et à percussion.

une armature : ensemble des tubes en fer qui vont soutenir la toile du chapiteau.

une ménagerie : lieu où se trouvent les animaux sauvages et exotiques, pour les montrer au public.

une écurie : endroit où on installe les chevaux.

ho hisse ! : interjection employée quand on fait un effort collectif.

la sciure : poussière produite par le bois quand on le coupe et scie.

Tout le monde travaille : hommes, femmes, enfants.

Pendant ce temps, d'autres personnes préparent la ménagerie pour la visite de l'après-midi. Les animaux dangereux sont dans des **cages** alors que chevaux, **chèvres** et lamas se promènent et mangent tranquillement autour des caravanes.

C'est le chef de la ménagerie qui dirige les opérations ; c'est lui aussi qui organise les repas et le transport des animaux. Certains, comme les tigres, les chevaux, les éléphants, participeront au spectacle. D'autres retourneront dans leur cage sans rien faire parce que ce sont des animaux qu'on ne peut pas dresser : ils sont là juste pour être observés ou admirés.

Le cirque Paradis est dirigé par une famille : les Zanetti. Le père, Igor, en est le directeur. Il est à la fois dompteur et **maître de manège**. Sa femme, Olga, est **écuyère** et funambule. Ils ont trois enfants : Ève, la fille aînée, est magicienne. Son tour préféré, c'est de faire sortir une souris blanche de la poche d'une spectatrice. Ça fait rire tout le monde… sauf la spectatrice, qui pousse alors un cri ! Adam, le fils, a choisi d'être clown. Depuis toujours, il fait rire. Le personnage qu'il préfère, c'est l'Auguste, le clown qui a un nez rouge, de grands yeux et une bouche immense. Il est toujours mal habillé et porte

une cage : lieu fermé, formé par des barres en fer, où on met des animaux sauvages ou des oiseaux pour les empêcher de sortir.

une chèvre : animal domestique ou sauvage qui a des cornes et qui est capable de sauter et grimper dans la montagne. On fait du fromage avec son lait.

un maître de manège : personne qui dirige les chevaux sur la plate-forme ronde du cirque.

un(e) écuyer(ère) : au cirque, personne qui fait un numéro d'acrobatie à cheval.

Son tour préféré, c'est de faire sortir une souris blanche de la poche d'une spectatrice.

des chaussures beaucoup trop grandes pour lui. Tout ce qu'il fait se transforme en catastrophe.

Enfin il y a Pomme. C'est la plus jeune. Elle a treize ans. Elle aime le cirque mais elle déteste apprendre. Ses parents ont souvent essayé de lui donner des leçons mais en vain. Son père, qui n'est pas un homme sévère, ne lui reproche rien, mais Pomme sent bien qu'il est parfois triste de ne pas pouvoir la contempler au milieu de la piste, éclairée par la puissante lumière de la **poursuite**.

C'est ainsi. Pomme ne veut être ni acrobate, ni funambule, ni trapéziste, ni contorsionniste ; elle ne veut pas non plus porter l'habit de clown ni être magicienne, comme sa sœur. Elle ne se sent pas faite pour ça. Une

une poursuite (fam.) **:** projecteur très puissant qui suit les artistes pendant leur numéro.

chose lui plaît, une seule : écuyère, comme sa mère. Mais le docteur lui a formellement interdit de monter sur un cheval, à cause d'un grave problème qu'elle a à la colonne vertébrale.

Alors, quand les artistes passent de longues heures à s'entraîner, Pomme, elle, s'occupe de la caravane, fait la lessive, les courses et parfois se promène.

Comme la troupe **déménage** tout le temps, elle ne peut pas aller à l'école avec les autres enfants. Des institutrices viennent lui donner des leçons à domicile. Elle suit aussi des cours par correspondance : elle reçoit des devoirs qu'elle renvoie par la poste.

Elle ne **se plaint** pas ; elle est heureuse ainsi.

Toute l'année, **même** en hiver où la troupe s'installe dans une grande ville et prépare de nouveaux numéros ou fait des représentations dans des **cirques en briques**, Pomme se livre à une étrange activité. Elle n'en parle à personne : ni à son père, ni à sa mère, ni à son frère, ni à sa grande sœur avec qui elle s'entend très bien. Ce qu'elle fait, c'est interdit : son père le lui a dit cent fois : « danger de mort ». C'est vrai. Il a raison. Mais **c'est plus fort qu'elle**...

déménager : changer de maison, d'habitation.

se plaindre : manifester sa peine, son mécontentement, se lamenter.

même : ici, également.

un cirque en briques : construction où les gens du cirque travaillent pendant l'hiver. Ils reprennent la route et montent les chapiteaux sur les places quand le printemps arrive.

c'est plus fort qu'elle : c'est supérieur à ses forces, à sa volonté.

1. Vrai ou faux ? Coche puis, à l'aide du texte, corrige les phrases fausses.

	V	F
a. Le conducteur de la voiture du cirque Paradis fait l'annonce du spectacle devant l'école du village.	☐	☐
b. Le spectacle aura lieu le lendemain.	☐	☐
c. Pour les gens du cirque, la première chose à faire, c'est installer le chapiteau.	☐	☐
d. Pour cela, seuls les hommes travaillent.	☐	☐

2. Réponds aux questions.

a. À l'intérieur du chapiteau, qu'est-ce que les gens du cirque doivent faire pour continuer l'installation ?

....

b. Quels animaux participeront au spectacle ?

....

c. Qui dirige le cirque Paradis ?

....

3. Histoire de famille. Qui fait quoi ?

a. Ève	**1.** monte à cheval.
b. Adam	**2.** fait des tours de magie.
c. Pomme	**3.** joue le rôle de l'Auguste.
d. Igor	**4.** voudrait être écuyère.
e. Olga	**5.** fait un numéro avec les fauves.

4. Tous les jours, Pomme se livre à une activité interdite. À ton avis, de quoi s'agit-il ?

....

C'est là qu'elle rencontre Pomme,
qui est en train de donner de l'herbe aux éléphants.

Chapitre 2

Le grand soir

Pour Léa, c'est le grand soir. À peine revenue de l'école, elle s'installe à son bureau pour faire ses devoirs le plus vite possible. Puis, en fin d'après-midi, elle va visiter la ménagerie en compagnie de son père.

La famille de Léa habite dans le village où s'est arrêté le cirque. Pour rien au monde Léa ne peut **rater** une représentation qui a lieu près de chez elle. Le cirque, elle adore ! Plus tard, quand elle sera grande, elle sera acrobate, ou danseuse, elle ne sait pas encore. Ses parents ne sont pas du même avis : ils disent que ce sont des métiers où il est très difficile de gagner sa vie. Mais sa mère, qui sait que sa fille adore danser et qui veut la voir heureuse, l'accompagne trois fois par semaine à l'école de danse.

Le spectacle n'a pas encore commencé mais Léa a voulu venir plus tôt pour voir les animaux de la ménagerie. C'est elle qui achète les billets pour la représentation.

C'est là qu'elle rencontre Pomme, qui est en train de donner de l'herbe aux éléphants. Elle se met à lui poser un

rater : ici, ne pas assister à la représentation.

tas de questions : qui s'occupe des animaux ? Que fait-on quand un animal tombe malade ? Que font les gens du cirque pendant la journée ? Est-ce que les enfants vont à l'école ? Est-ce que toutes les caravanes servent de maisons ?... Pomme, qui n'est pas d'un naturel très bavard, lui répond **tant bien que mal**. Elle sent que Léa ne pose pas ces questions par pure curiosité mais parce qu'elle aime le cirque.

– J'aimerais beaucoup vivre comme toi, dans une caravane, lui dit Léa, pendant que son père observe l'intérieur du chapiteau.

– Tu sais, ce n'est pas toujours facile… Parfois, les jours passent très lentement.

– C'est comme pour moi. Mais toi, tu vis au milieu des animaux ; et tous les soirs, sous le chapiteau, les lumières bleues, rouges, blanches s'allument… Dis-moi : tu fais partie d'un numéro ?

– Non. Mais il y a mon père : ce soir, il sera dompteur ; et ma mère funambule. Il y a aussi ma sœur : elle fait des tours de magie. Enfin, il y a mon frère : c'est lui le clown. Au cirque, on commence tout petit ; nos parents nous apprennent à **jongler**, à faire des acrobaties, à marcher sur un fil…

Léa est très impressionnée. Elle se demande pourquoi la jeune fille n'est pas artiste, elle aussi ; mais elle n'ose pas le lui demander.

un tas de (fam.) **:** beaucoup de.

tant bien que mal : ni bien ni mal, comme elle peut.

jongler : lancer des objets en l'air, l'un après l'autre, les attraper et recommencer.

...et ma mère est funambule.

– Et toi, qu'est-ce que tu fais dans la vie ?

– Moi ? Euh... je... je suis danseuse... enfin, je fais de la danse classique, tu sais, comme dans les ballets.

– Moi, je ne connais pas beaucoup la danse. Au cirque, c'est surtout la musique qui importe. Pas de spectacle sans musiciens. La musique est là pour accompagner tous les numéros et encourager les artistes.

– Et toi, tu joues d'un instrument ?

– Un peu de clarinette.

– Ça y est, j'ai compris ! Tu fais partie de l'orchestre.

– Parfois, mais pas toujours.

encourager : donner de l'énergie, de l'ardeur à quelqu'un.

« Cette jeune fille est étrange, se dit Léa. Elle fait partie d'une famille qui semble diriger ce cirque, mais elle ne participe à rien. »

– Au fait, tu ne m'as pas dit ton nom.

– Pomme.

– Moi, c'est Léa. Je te verrai ce soir ?

– Non, je serai dans les **coulisses**. Mais si tu veux, on pourra se voir après le spectacle…

– Ça, c'est gentil ! Bon, **ben**, je t'embrasse. À plus tard, Pomme !

Léa regarde sa montre. Le spectacle va commencer dans moins d'une heure. Elle se sent légère, légère comme une funambule sur son fil.

Dans les coulisses, les artistes commencent à s'habiller et à se maquiller. Le père de Léa vient retrouver sa fille.

« Approchez, Mesdames et Messieurs, approchez ! clame soudain une voix. Venez assister à des numéros **à vous couper le souffle** ! » Les premiers spectateurs arrivent ; ils se dirigent vers une caravane transformée pour l'occasion en billetterie.

Très vite, les **gradins** se remplissent. Léa s'est déjà installée. Elle observe la piste d'un œil **émerveillé**. Sous le

les coulisses : partie du cirque située en dehors de la piste, où les artistes se préparent, attendent d'entrer en piste...

ben (fam.) **:** eh bien.

à vous couper le souffle : les numéros seront si impressionnants que vous ne pourrez plus respirer.

les gradins : bancs.

émerveillé : plein d'admiration.

Elle observe la piste d'un œil émerveillé.

ciel bleu du chapiteau, elle imagine déjà les trapézistes s'élancer dans les airs, les jongleurs l'entraîner dans la ronde des balles et des **cerceaux**.

Ce soir, le cirque affiche complet. Sur la piste, on a mis le tapis rouge pour les acrobates. Les lumières s'allument. Les musiciens de l'orchestre **accordent** leurs instruments : un trombone, une trompette, un saxophone, une clarinette, une contrebasse, une **grosse caisse**… Ça y est : le spectacle va commencer !

un cerceau : cercle de bois, de métal ou de plastique.

accorder (un instrument de musique) : régler le son pour le rendre plus juste.

une grosse caisse : gros tambour.

COMPRENDRE

1. Réponds aux questions.

a. Pourquoi Léa fait-elle ses devoirs le plus vite possible ?

....

b. Pourquoi Léa est venue au cirque avant l'heure de la représentation ? ....

c. Qui Léa rencontre-t-elle quand elle achète les billets ?

....

d. Pomme, qui n'est pas très bavarde, répond aux questions de Léa. Pourquoi ? ....

2. Vrai ou faux ?

	V	F
a. Léa aimerait bien habiter dans une caravane.	☐	☐
b. Pomme ne fait pas partie d'un numéro.	☐	☐
c. Pomme sait danser.	☐	☐
d. Léa joue de la clarinette.	☐	☐
e. Les filles se verront après la représentation.	☐	☐

3. Découvre le monde du cirque. Dans le texte, trouve une phrase qui montre...

a. comment les enfants du cirque apprennent leur métier.

....

b. l'importance de la musique dans les représentations.

....

4. À ton avis, il y a un ou deux personnages principaux dans cette histoire ? Qui est-il ou qui sont-ils ?

....

Chapitre 3

Que le spectacle commence !

Roulements de tambours : le spectacle commence.

« Attention, chers spectateurs, pendant deux heures, je dis bien deux heures, des jongleurs, des dompteurs, des **voltigeurs** vont s'élancer sur la piste pour votre plus grand bonheur ! À pied, à vélo, à cheval : les clowns, les acrobates, les écuyers vont vous entraîner dans des numéros qui vous feront trembler. Trembler de peur ou de bonheur, qu'importe car, ici, au cirque, il n'y a pas de place pour le malheur : tout est magique ! »

Monsieur Loyal a présenté les numéros. Aussitôt les acrobates entrent en piste. Ils sont une douzaine. Il y a parmi eux une contorsionniste qui disparaît bientôt dans une boîte minuscule sous les vagues des HOOOOO ! et

un roulement (de tambour) : bruit continu fait avec un tambour pour annoncer le début du spectacle.

un voltigeur : personne qui fait des exercices d'acrobatie sur une corde, au trapèze ou à cheval.

Monsieur Loyal : au cirque, c'est le nom donné au présentateur.

des HAAAAA ! du public. Pendant ce temps, une jeune femme, qui porte un plateau avec des verres sur la tête, fait du vélo sur un fil. Les spectateurs applaudissent, enthousiastes.

Et hop, là ! Le plus fort porte les autres. Ils sont huit ; bientôt ils forment une pyramide. Le dernier saute… Oui ! Il a réussi. Il est tout en haut. Depuis la piste, un homme lui envoie des **quilles** et il se met à jongler.

Puis c'est au tour des **otaries** d'entrer en scène. Elles sont deux. Montées sur un tabouret, elles se lancent une balle du bout du **museau** puis elles se servent de leur queue comme d'une raquette.

Et ce n'est pas fini : trapézistes et funambules se succèdent. Ils sont une dizaine, une quinzaine, une vingtaine ! C'est merveilleux ! Léa les regarde, les admire ; elle semble vivre un rêve. Légers comme une plume, ils sont à dix mètres du sol : les uns sur un fil, les autres sur un trapèze. Un homme se prépare. Que va-t-il se passer si l'homme saute sur la planche ? Un, deux, trois, quatre, cinq : l'homme a sauté et tous ses compagnons sont en équilibre, debout, les pieds des uns sur les épaules des autres ; ils forment une colonne majestueuse qui disparaît au son de la musique.

Puis vient l'**entracte**.

« Quel dommage ! se dit Léa. C'était vraiment bien ! »

une quille : morceau de bois long et rond. Au bowling, on renverse des quilles avec une grosse boule.

une otarie : animal marin noir qui ressemble à un phoque.

un museau : partie avant de la tête des mammifères.

un entracte : pause entre deux parties d'un spectacle.

Il a réussi. Il est tout en haut.

Pendant l'entracte, on monte une grande cage et on jette de la sciure fraîche sur la piste. Pour divertir les spectateurs, monsieur Loyal apparaît en compagnie de deux clowns ; il commence à **plaisanter** avec eux.

« Bonjour les petits et les grands ! Je suis Bimbo, le grand **costaud**. Lui, c'est Clown blanc ; il joue de tous les instruments ! Et lui, c'est Auguste. Chuuuuut ! Ne faites pas de bruit. Regardez-le : il dort. »

Auguste est allongé dans son lit ; il ronfle sur son gros oreiller.

« Rrr… puuff… Rrrr… pufff… »

« Eh, les enfants ! Nous allons **faire une farce** à Auguste, d'accord ? »

Bimbo enlève ses chaussures et les place au bout du lit d'Auguste qui continue de ronfler. Puis le Clown blanc s'approche, montre sa trompette au public qui se demande ce qu'il va faire. Pendant ce temps, à ses côtés, Bimbo commence déjà à rire. Soudain, Clown blanc lance un long « Tuuuuuuuuuuut ! » dans l'oreille d'Auguste qui **se réveille en sursaut** pendant que les deux **compères** vont vite se cacher derrière le lit. Auguste se frotte les yeux, regarde le bout du lit quand soudain : « AAAH !... Au secours ! À moi ! » Et tout le monde se met à rire parce

plaisanter : dire des choses qui font rire.
costaud (fam.) **:** fort, robuste.
faire une farce : faire quelque chose qui va faire rire.
se réveiller en sursaut : se réveiller de manière brusque.
un compère : complice.

Et lui, c'est Auguste.

que le clown vient d'apercevoir quatre pieds au bout de son lit !

À peine les clowns sont-ils partis qu'on entend claquer un fouet. Des bêtes rugissent. Ça y est : ils arrivent !

Le dompteur apparaît sous les applaudissements du public, suivi par trois tigres majestueux. Il tient dans sa main droite un long fouet. Il salue mais sans quitter des yeux les fauves : même dressés, les tigres restent dangereux.

claquer : faire un bruit sec et fort.

un fouet : instrument fait d'une corde ou d'une bande de cuir fixée à un manche (partie longue et étroite qui permet de tenir l'instrument).

un fauve : félin sauvage. Les lions, les tigres et les panthères sont des fauves.

Au milieu du cercle de grilles, Igor fait claquer son fouet au-dessus de sa tête. Son magnifique costume noir et doré comprime son corps. Trois tigres tournent autour de lui et rugissent bruyamment.

Léa se rappelle alors la question que le présentateur a posée au public, quelques minutes avant le numéro : « Je pèse trois cents kilos et, dans la jungle, je suis un mangeur d'hommes. Attention, pour attaquer mes **proies**, je saute sur elles par derrière. Qui suis-je ? » Elle en tremble encore. « Comment peut-on dresser de tels animaux ? » se demande-t-elle.

Soudain, une voix au micro se fait entendre :

« Et maintenant, cher public, je vais demander aux personnes sensibles de se préparer ou de **détourner les yeux** ; ce qui va suivre est unique dans l'histoire du cirque… »

La musique s'est arrêtée. Chaque fauve est assis sur un tabouret. Igor lève un cerceau. Aussitôt, l'orchestre entonne une marche indienne. La clarinette joue une mélodie rythmée par un roulement de tambours. **L'éclairage se tamise** ; au même instant, Igor allume le cerceau. Le cercle de feu apparaît dans la nuit, face aux tigres.

Mais soudain…

une proie : animal qu'un autre animal tue pour le manger.
détourner les yeux : regarder vers une autre direction.
l'éclairage se tamise : les lumières baissent et deviennent plus douces.

1. Réponds.

a. Qu'est-ce qui indique que le spectacle va commencer ?

....

b. Qui est monsieur Loyal ?

....

2. Entoure les personnages de cirque qui participent à la première partie du spectacle (avant l'entracte).

des jongleurs – des clowns – des magiciens – des dompteurs
une contorsionniste – des acrobates – des écuyers
des funambules

3. Entoure la bonne réponse. Pendant l'entracte...

a. Les gens du cirque *montent une cage – se reposent.*

b. Monsieur Loyal présente *les numéros suivants – les clowns.*

c. Bimbo et Clown blanc *racontent une histoire – font une farce* à Auguste.

d. Le numéro des clowns *plaît – ne plaît pas* aux spectateurs.

4. Réponds aux questions.

a. Après l'entracte, qui arrive sur la piste ?

....

b. Que fait le dompteur pour faire obéir les fauves ?

....

c. Quand la lumière et la musique deviennent plus douces, que fait le dompteur ?

....

À la vue du feu, Kobar, le grand mâle, rugit.

Chapitre 4

Dans la cage aux tigres

Le public ne voit rien mais Igor devient très pâle. Le dompteur connaît bien ses animaux. Les tigres sont nés au cirque, c'est Igor lui-même qui leur a donné le biberon ! Que se passe-t-il ? À la vue du feu, Kobar, le grand mâle, rugit. Mais ce n'est pas le rugissement qui fait brusquement peur à Igor : ce sont les yeux du tigre. Des yeux de tueur. Il ne peut pas se tromper : Kobar le regarde fixement, le corps à l'affût, prêt à sauter sur lui.

Le public continue à ne rien voir mais la troupe du cirque se rend vite compte qu'il y a quelque chose d'anormal. L'orchestre continue sa marche indienne, les clowns se préparent à entrer en piste en cas d'incident ; dans les coulisses, quelqu'un suit la scène de très près. C'est Pomme. Elle regarde son père, le cerceau dans une main, le fouet dans l'autre, immobile, comme pétrifié.

« Kobar va se jeter sur lui ! »

Sans réfléchir, elle se met à courir vers le tunnel des fauves et se retrouve au milieu de la piste entre le tigre et

un mâle : animal de sexe masculin.

un tueur : ici, animal qui tue, assassine.

à l'affût : qui attend une proie pour sauter sur elle.

son père. Le public pousse un cri d'angoisse quand elle apparaît devant le tigre. Il croit que c'est cela, le numéro tant attendu. Le chef d'orchestre comprend ce qui se passe, mais en professionnel, il demande aux musiciens de continuer à jouer.

Igor ne peut rien dire, rien faire : il sait qu'un seul geste, une seule parole peut provoquer la fureur du tigre. Pomme ne le regarde pas ; elle est devant lui et fait face à Kobar. Lentement, elle s'avance vers lui. Le public **retient son souffle**. Léa regarde Pomme, la peur au ventre. Pomme qui disait qu'elle n'avait pas de numéro. Pourquoi lui a-t-elle menti ? Pour lui faire une surprise ?

Elle voit Pomme lever les bras et parler au tigre. Alors le fauve descend de son tabouret et vient se mettre près d'elle. Elle paraît toute petite à côté de lui. Maintenant, le public ne regarde plus Igor mais cette jeune fille qui caresse le fauve comme si c'était un gros chat.

Mais les spectateurs n'ont encore rien vu : d'un bond, Pomme monte sur le dos du tigre, sous l'œil stupéfait de son père. Puis, les bras levés vers le public, elle **fait** tranquillement **le tour** de la cage. Léa **n'en revient pas**.

« Tu as vu ça, papa ? Tu as vu ça ? » répète-t-elle à son père.

Personne ne voit que, dans l'obscurité, toute la troupe du cirque s'est réunie pour observer la scène. Chaque artiste est en train de vivre un **miracle**. Pomme à cheval

retenir son souffle : ne pas respirer à cause de l'émotion.
faire le tour (d'un lieu) : se promener autour (ici, de la cage).
elle n'en revient pas : elle est très surprise, admirative.
un miracle : événement extraordinaire, qui semble surnaturel.

Pomme à cheval sur un tigre. Et quel tigre !
Le plus fort, le plus féroce...

sur un tigre. Et quel tigre ! Le plus fort, le plus féroce et le plus dur à dresser de tous ! Son frère et sa sœur n'en croient pas leurs yeux. Sa mère, en larmes et **à genoux**, **prie**.

Elle sait que Pomme vient de sauver son père, mais ce qu'elle voit maintenant est inimaginable. Personne au monde n'a fait cela avant elle ! Pas un enfant de cet âge-là, en tout cas !

Le public n'arrête pas d'applaudir, la musique est plus vive ; des gens poussent des cris d'admiration et frappent dans leurs mains au rythme de la musique. C'est la folie !

D'un geste, Pomme ordonne aux deux autres tigres de sauter au milieu du cerceau en feu que son père tient toujours d'une main. Les fauves obéissent simultanément,

à genoux : les genoux (articulation du fémur et du tibia) posés par terre.
prier : parler à Dieu.

puis viennent se coucher près d'elle. C'est un spectacle formidable : Pomme à cheval sur un tigre avec deux autres fauves à ses pieds.

Les deux dompteurs saluent longuement le public puis disparaissent derrière le lourd rideau rouge.

Une fois la stupeur et les émotions fortes passées, la piste laisse la place aux clowns, puis aux trapézistes. Mais Léa **a la tête ailleurs**. Elle n'applaudit plus. Elle pense à Pomme. « J'irai la voir après la représentation ! se dit-elle. Je suis sûre qu'on me laissera entrer dans sa **loge**. »

Pendant ce temps, dans les coulisses, on digère à peine ce que l'on vient de voir. Surtout les Zanetti. Le père est encore pâle ; il regarde Pomme fixement sans dire un mot. C'est plus fort que lui : il est devant sa fille, paralysé comme tout à l'heure devant Kobar, la peur en moins.

Olga, la mère, ne peut pas entrer en piste : trop d'émotions ! Tout son corps tremble. Adam est en train de faire son numéro de clown sur la piste. Seule Ève a retrouvé son calme naturel.

Elle s'approche de sa sœur et lui demande :

– Quel est ton secret, Pomme ?

– Je n'ai pas de secret.

– Allons ! Tu ne vas pas me dire que tu n'as pas un truc ! Ce que tu as fait est impossible, voyons ! Kobar est l'animal le plus dangereux de la ménagerie et là, ce soir, il

avoir la tête ailleurs : penser à autre chose, ne pas se concentrer sur ce qu'on regarde, dit, fait...

une loge : petite pièce où les artistes s'habillent, se maquillent, se reposent avant le spectacle.

– Quel est ton secret, Pomme ?

était devant toi comme un gros chat qui attend une caresse de sa maîtresse !

– Il me comprend, c'est tout.

– Il te comprend ? Comment ? Tu lui parles ?

– Oui.

– Depuis quand ?

– Depuis toujours. Depuis qu'il est tout petit.

– Je ne t'ai jamais vue lui parler, moi !

– Personne ne m'a jamais vue parler aux tigres. Mais je leur parle ; je le fais chaque jour.

– Bon, d'accord ; je veux bien te croire. Mais tu ne vas pas me dire, en plus, que tu entres dans leur cage comme tu viens de le faire !

Pomme se retourne alors vers son père, qui écoute.

– Si. La nuit. Quand tout le monde dort. Je reste quelques heures et je leur raconte des histoires.

COMPRENDRE

1. Complète la scène avec les mots suivants : *à l'affût, tueur, peur, mâle, rugissement.*

À la vue du feu, Kobar, le grand ......, rugit. Ce n'est pas le ...... qui fait ...... à Igor, ce sont les yeux de ...... du tigre. Kobar le regarde fixement, ..., prêt à se jeter sur lui.

2. Remets cette scène dans l'ordre.

a. L'orchestre joue encore la marche indienne.
b. Sans réfléchir, Pomme se met à courir vers le tunnel des fauves.
c. Le public continue à ne rien voir.
d. Igor ne peut rien dire, rien faire.
e. Pomme suit ce qui se passe de très près.

3. Réponds aux questions.

a. Qu'est-ce que le public croit quand Pomme arrive dans la cage aux tigres ?

....

b. Pourquoi Léa pense que Pomme lui a menti ?

....

c. Qu'est-ce que fait Pomme pour obliger Kobar à descendre du tabouret ?

....

d. Quelle est la réaction du public après l'intervention de Pomme ?

....

4. Réponds.

Quel est le « secret » de Pomme pour se faire obéir des tigres ?

....

....

Chapitre 5

Igor et ses trois tigres

Après le spectacle, Léa va voir Pomme. Elle cherche sa loge. On lui dit qu'elle n'en a pas.

– Comment ? Elle n'a pas de loge ? Mais, c'est impossible, tous les artistes en ont une, s'exclame Léa.

Personne, parmi les gens du cirque, ne peut lui dire que le numéro était un accident, un numéro improvisé.

– Mais alors, où peut-on la trouver ?

– Là-bas, dans sa caravane. Elle est partie il y a cinq minutes à peine. Elle est sans doute allée se coucher.

Vite ! Vite ! Il n'y a pas une minute à perdre !

Ouf ! Il y a de la lumière aux fenêtres. Léa monte sur le petit **marchepied** et frappe à la porte. Pomme ouvre.

– Salut !

Ouf ! : interjection qui exprime l'apaisement, le soulagement après un travail difficile, ou après une préoccupation, une peur.

un marchepied : marche ou série de marches qui servent à monter ou à descendre d'un train, d'une caravane.

– Salut ! Je voulais te dire… C'était magnifique ton numéro ! Je n'avais jamais vu ça de ma vie.

– Merci.

– Je… je peux entrer cinq minutes ?

– Pourquoi pas ? Je suis seule.

À l'intérieur, tout est organisé comme une maison, en plus petit. Il y a un salon, des toilettes, une salle de bains, des **banquettes**, un lit, une table, un coin cuisine.

– C'est joli chez toi. Je ne savais pas que c'était équipé comme ça, une caravane. C'est comme une maison, mais avec des roues !

Léa s'assoit sur un coin de la banquette.

– Tu veux boire quelque chose ?

– Non, merci.

Léa est un peu intimidée. Elle ne sait pas par où commencer. Elle se met à regarder autour d'elle.

– Dis-moi, comment les affaires **tiennent** pendant les voyages ?

– Elles sont enfermées dans les **placards** que tu vois devant toi ; ou bien elles sont attachées. Avant de partir, on fait toujours attention à bien ranger tout ce qui est fragile.

– Vous n'allez pas partir tout de suite, j'espère ?

une banquette : banc recouvert de cuir, de plastique ou de tissu.
tenir : ici, ne pas tomber.
un placard : armoire où on met les casseroles, les tasses...

– Tu veux boire quelque chose ?

– Je ne sais pas. C'est mon père qui décide. C'est lui le directeur de la troupe, lui qui organise les **tournées** et qui choisit les endroits où le cirque va passer.

– Dis-moi, Pomme : pourquoi tu ne m'as pas dit que tu faisais ce numéro ?

– Parce que je ne fais pas ce numéro !

– Je ne comprends pas.

Pomme regarde Léa droit dans les yeux.

– Tu es capable de garder un secret ?

– Bien sûr !

– Tu me jures que tu ne répéteras pas ce que je vais te dire : ni à ton père, ni à ta mère, ni à personne ?

– Je **serai muette comme une tombe** !

– Bien. Ce soir, il y a eu un incident grave. Le public n'a rien vu. Mon père est un grand dompteur. C'est lui qui a dressé les tigres ; il s'est toujours occupé d'eux, depuis qu'ils sont petits, il leur a appris des numéros. Mais Kobar n'est pas un fauve comme les autres. Pour lui, mon père est un ennemi. Ce soir, il voulait le tuer.

– Mais, comment sais-tu tout cela ?

– Il me l'a dit.

– Qui, ton père ?

– Non, le tigre. Il me l'a dit à sa manière ; il me l'a fait comprendre si tu préfères.

– Tu veux dire que…

une tournée : voyage de travail qui a un itinéraire fixe et des arrêts déterminés (monde du spectacle).

être muet comme une tombe : ne rien dire, garder un secret.

Parfois je dors aussi avec eux, dans la cage.

– Mon père l'a compris, lui aussi. Il l'a vu dans ses yeux, ce soir. Moi, j'étais dans les coulisses, en train de surveiller Kobar. J'ai essayé plusieurs fois de lui expliquer que mon père ne voulait pas lui faire de mal ; mais il ne supporte pas la vue du fouet.

– Tu veux dire que… tu parles aux tigres ?

– Oui. Parfois je dors aussi avec eux, dans la cage. Pour Kobar, j'appartiens à leur famille, je suis comme eux. C'est pour cela qu'il m'accepte. Jusqu'à ce soir, mon père l'ignorait. Personne ne le savait, au cirque.

– Pourquoi tu ne lui as rien dit ?

– Il m'a toujours interdit d'approcher les fauves. Dompter est très dangereux et mon père, qui le sait et m'aime trop, ne veut pas me voir faire ce métier.

– Mais, comment tu as eu l'idée de... de leur parler, de les approcher ainsi ?

– Je ne sais pas. Ça s'est fait naturellement. Petite, je leur parlais souvent derrière leur cage ; j'avais l'impression qu'ils m'écoutaient, qu'ils me comprenaient. Alors, un jour, je suis entrée dans la cage. Kobar s'est avancé le premier vers moi. Pour me **sentir**. Après tout, qui sait ? Moi aussi, j'ai peut-être été un tigre dans une autre vie !

Léa et Pomme se mettent à rire.

– Et ton père, tu lui as parlé ?

– Pas encore. Pour nous deux, l'émotion est trop forte. Pour lui, parce que je lui ai sauvé la vie et parce qu'il a découvert chez moi quelque chose qu'il ignorait ; pour moi, parce que je viens de découvrir ma vraie passion.

– Dompteur ?

– Pas exactement. Je n'aime pas voir les animaux en cage. Un félin est beaucoup plus beau quand il est libre. Je vais rester encore avec Kobar et les deux autres tigres pendant un certain temps. Après, je partirai. J'irai là où leurs parents sont nés : en Inde.

sentir : ici, utiliser son odorat (pour un animal) pour connaître un être humain.

COMPRENDRE

1. Vrai ou faux ?

	V	F
a. Après le spectacle, Léa rentre chez elle.	☐	☐
b. Pomme est dans sa loge.	☐	☐
c. Léa trouve Pomme dans sa caravane.	☐	☐
d. Pomme ne veut pas parler à Léa.	☐	☐

2. Réponds aux questions.

a. Pomme va dire son secret à Léa. Mais avant, qu'est-ce que Léa lui promet ? ....

b. Pourquoi Kobar voulait attaquer Igor ?

....

c. Est-ce qu'Igor savait que sa fille parle aux tigres ?

....

d. Pourquoi Pomme ne lui a rien dit ? ....

e. Pomme ne veut pas être dompteur. Que veut-elle faire ?

....

3. Qui parle ? Relie.

a. Je serai muette comme une tombe ! •

b. Kobar voulait le tuer. •

c. Tu parles aux tigres ? •

d. Pour nous deux, l'émotion est trop forte. •

e. J'irai là où les parents des tigres sont nés. •

• Pomme

• Léa

Léa n'a pas dormi de la nuit. Elle pensait à Pomme, à Kobar, à l'Inde, aux tigres du Bengale...

Chapitre 6

Épilogue

Léa n'a pas dormi de la nuit. Elle pensait au cirque, à Pomme, à Kobar, à l'Inde, aux tigres du Bengale… Elle rêvait tout éveillée.

À huit heures, son père entre dans sa chambre. Il lui apporte le journal.

– Tiens, regarde ; je crois que ça va t'intéresser.

Nice-matin, le **quotidien** de la région, **titre** en première page :

UNE ÉTOILE EST NÉE !

UN NUMÉRO FANTASTIQUE DU CIRQUE PARADIS

un quotidien : journal qui paraît tous les jours.
titrer : donner un titre à un article de journal.

On peut également voir en photo Pomme, la **vedette** de la soirée, à cheval sur le tigre, pendant son numéro.

– Quelle étrange soirée, n'est-ce pas ? dit son père, assis au pied du lit.

– C'était fantastique ! répond Léa d'un air rêveur. Depuis hier, je ne pense qu'à Pomme. Elle est vraiment géniale !

Son père, lui, ne dit rien ; il est pensif. Puis :

– Qu'est-ce qu'elle t'a dit lorsque tu es allée la voir ?

– Euh… Elle m'a demandé si j'avais aimé le spectacle.

– Quoi d'autre ?

– Elle m'a dit qu'elle voulait aller en Inde, quand elle sera plus grande.

– Pour quoi faire ?

– Observer les tigres en liberté !

– Mais elle… elle ne t'a rien dit sur son numéro ?

– Elle m'a dit qu'elle travaillait beaucoup avec son père car il pensait qu'elle avait un don. Mais, pourquoi tu me poses toutes ces questions ?

– Euh… comme ça, pour savoir. Cette jeune fille est franchement fantastique !

– Tu sais, comme elle se déplace tout le temps, je lui ai donné notre numéro de téléphone. Elle m'appellera de temps en temps. Ça ne te **dérange** pas ?

une vedette : artiste célèbre, star.
déranger : importuner, poser un problème.

– Quelle étrange soirée, n'est-ce pas ?

– Non, pas du tout... Bon, on la fait, cette promenade en vélo ?

– Je me lève et je m'habille. Dans dix minutes, je suis prête.

– D'accord. Je prépare les vélos et je t'attends en bas.

Léa se lève et se dirige vers la fenêtre. C'est une journée ensoleillée. Au loin, elle imagine le chapiteau **inondé** de soleil matinal, presque aussi beau que le festival de lumières de la nuit passée. Elle pense à Pomme. Elles ont maintenant un secret toutes les deux, qu'elles garderont toute leur vie. Pomme va bientôt partir, **parcourir** les routes, mais ce n'est pas grave. Léa sera présente chaque soir, en rêve, sous son chapiteau ; et Pomme sera, comme toujours, dans les coulisses, à observer Igor et ses trois tigres.

inondé : rempli, plein.

parcourir : faire un trajet, se déplacer (sur les routes).

Au loin, elle imagine le chapiteau inondé de soleil matinal...

COMPRENDRE

1. Réponds aux questions.

a. Pourquoi Léa n'a pas dormi de la nuit ?

....

b. Pourquoi, le lendemain matin, son père lui apporte le journal ?

....

c. Que dit-on de Pomme dans le journal ?

....

d. Léa dit-elle toute la vérité à son père ? Pourquoi ?

....

2. Coche la bonne réponse.

a. Léa dit à son père que Pomme...
- ☐ **1.** veut aller en Inde.
- ☐ **2.** parle aux tigres.
- ☐ **3.** est fâchée avec Igor.

b. Le père de Pomme
- ☐ **1.** pense que sa fille a un don.
- ☐ **2.** a remercié sa fille.
- ☐ **3.** a proposé à Léa de faire du cirque.

c. Léa...
- ☐ **1.** a invité Pomme à passer la journée chez elle.
- ☐ **2.** a donné son numéro de téléphone à Pomme.
- ☐ **3.** a fait un cadeau à Pomme.

3. À ton avis, qu'est-ce qui va unir pour toujours Léa et Pomme ?

....

....

Imagine...

a. Selon toi, un jour, Léa va faire partie des « gens du cirque » ?

b. Tu as envie de faire du cirque, quelle discipline choisis-tu ? Pourquoi ?

Parle...

Est-ce que tu aimes le cirque ? Pourquoi ? Tu y allais quand tu étais plus jeune ? Avec qui ? Et à présent, tu y vas encore ?

Réfléchis...

a. Penses-tu que les gens du cirque font un métier difficile ? Pourquoi ?

b. Est-ce qu'ils vivent comme nous ? Explique les différences.

Opinions...

a. D'après toi, le cirque est un spectacle uniquement pour les enfants ?

b. Est-ce que tu considères le cirque comme un sport, un art, un spectacle, un métier comme les autres ? Justifie ta réponse.

CORRIGÉS

page 3

2. a. 3 **b.** 4 **c.** 1 **d.** 2 **e.** 5

3. a - d - e - f

page 11

1. a. vrai **b.** faux (Ce soir, à dix-huit heures trente.) **c.** vrai **d.** faux (Tout le monde travaille : hommes, femmes, enfants.)
2. a. Les électriciens accrochent les lumières et les haut-parleurs. **b.** Les tigres, les chevaux, les éléphants. **c.** Les Zanetti, le père.
3. a. 2 **b.** 3 **c.** 4 **d.** 5 **e.** 1

page 18

1. a. Parce qu'elle ne veut pas rater la représentation. **b.** Pour voir les animaux de la ménagerie. **c.** Pomme. **d.** Parce qu'elle comprend que Léa aime le cirque.
2. a. vrai **b.** vrai **c.** faux **d.** faux **e.** vrai
3. a. Au cirque, on commence tout petit ; nos parents nous apprennent à jongler, à faire des acrobaties, à marcher sur un fil. **b.** Pas de spectacle sans musiciens. La musique est là pour accompagner tous les numéros et encourager les artistes.
4. deux : Pomme et Léa.

page 25

1. a. Les roulements de tambour. **b.** Le présentateur.
2. des jongleurs - une contorsionniste - des acrobates - des funambules
3. a. montent une cage **b.** les clowns **c.** font une farce **d.** plaît
4. a. Igor, le dompteur. **b.** Il fait claquer son fouet. **c.** Il allume un cerceau.

page 32

1. mâle - rugissement - peur - tueur - à l'affût

2. a. 2 **b.** 5 **c.** 1 **d.** 4 **e.** 3

3. a. Que c'est le numéro attendu. **b.** Parce qu'elle lui a dit qu'elle n'avait pas de numéro. **c.** Elle lève les bras et lui parle. **d.** Il n'arrête pas d'applaudir.
4. Elle entre dans la cage et leur parle chaque jour.

page 39

1. a. faux **b.** faux **c.** vrai **d.** faux
2. a. De ne rien dire à personne **b.** Parce qu'il ne supporte pas la vue du fouet. **c.** Non, il vient de l'apprendre. **d.** Parce qu'il lui a toujours interdit d'approcher les fauves. **e.** Elle veut partir en Inde.
3. a. Léa **b.** Pomme **c.** Léa **d.** Pomme **e.** Pomme

page 46

1. a. Parce qu'elle pensait au cirque, à Pomme, aux tigres et à l'Inde. **b.** Parce qu'on parle de Pomme. **c.** Une étoile est née. **d.** Non. Parce qu'elle a promis à Pomme de garder le secret.
2. a. 1 **b.** 1 **c.** 2
3. Leur secret

N° éditeur : 10160050 - Dépôt légal : Mai 2009
Imprimé en France par EMD S.A.S. - N°21083